AF467838

UNIVERSITÉ DE FRANCE.

FACULTÉ DE DROIT DE STRASBOURG.

ACTE PUBLIC

SUR

LA PREUVE LITTÉRALE

DES OBLIGATIONS

ET SUR CELLE DU PAIEMENT;

Qui sera soutenu à la Faculté de Droit de Strasbourg, le Jeudi 21 Août 1828, à quatre heures après midi,

POUR OBTENIR LE GRADE DE LICENCIÉ EN DROIT,

PAR

CHARLES-GEORGE-ALPHONSE DUPIN,

BACHELIER ÈS-LETTRES ET EN DROIT,

DE DEUX-PONTS (BAVIÈRE RHÉNANE).

STRASBOURG,

De l'imprimerie de F. G. Levrault, imprimeur de la Faculté de droit.

1828.

M. Arnold, Doyen de la Faculté de Droit.

EXAMINATEURS:

MM.	Rauter,	Professeurs.
	Arnold,	
	Thieriet de Luyton,	
	Hepp.................	Professeur-Suppléant.

La Faculté n'entend approuver ni désapprouver les opinions particulières au Candidat.

DE LA PREUVE LITTÉRALE

DES OBLIGATIONS

ET DE CELLE DU PAIEMENT.

LES contestations qui s'élèvent sans cesse en justice et ayant pour objet, soit l'exécution des obligations, soit la libération des débiteurs, ont amené la nécessité d'établir des règles certaines à l'aide desquelles les droits des parties doivent être fixés.

Il fut admis comme premier principe, que celui qui réclame l'exécution d'une obligation doit la prouver : *semper necessitas probandi incumbit illi qui agit.*

L'existence de l'obligation prouvée, un deuxième principe met à la charge de celui qui se prétend libéré, de prouver la libération.[1]

Ces principes établis, la loi a réglé les divers genres de preuves qu'elle admet; je n'ai à m'occuper ici que de la preuve littérale.

Notre Droit a donné une préférence très-marquée à cette espèce de preuve, en interdisant, dans tous les cas où il a été possible de se procurer un écrit, la preuve testimoniale de toutes conventions ou libérations excédant la somme ou la valeur de 150 francs, et en interdisant également la preuve testimoniale contre et outre le

---

1 Art. 1315 du Code civil. — *L.* 2, 21, *ff.* — *L.* 2, *Cod. de probat.* — *L.* 4, *Cod. de edendo.*

contenu aux actes, soit authentiques ou sous seing privé [1]. Le Code civil ne fit que renouveler à cet égard les dispositions de l'article 2 du titre XX de l'ordonnance de 1667, et déjà le Droit romain, qui admettait la preuve testimoniale pour prouver les conventions, ne l'admettait point pour prouver contre les actes, *contra scriptum testimonium, non scriptum testimonium non fertur.* [2]

La preuve littérale est celle qui résulte de titres, et on entend par titre tout écrit qui tend à prouver un fait.

Les titres sont authentiques ou sous seing privé.

Il peut exister des titres sans signature.

Les titres peuvent être représentés en originaux ou copies, par actes récognitifs et confirmatifs.

De la même manière que l'on prouve l'existence de l'obligation, on prouve également la libération.

CHAPITRE I.er

Du titre authentique.

Tout acte reçu par un officier public dans le ressort où il a le droit d'instrumenter, et rédigé avec les formalités prescrites par la loi, constitue un titre authentique. [3]

Si donc un officier public a reçu un acte hors du ressort dans lequel seulement il doit exercer ses fonctions, si les solennités requises n'ont point été observées, si l'officier public se trouve suspendu de ses fonctions au moment où il passe l'acte; cet acte, manquant des caractères exigés par la loi pour en faire un instrument public, ne peut être considéré comme authentique; mais s'il est signé de toutes les parties, il vaudra comme acte sous signature privée,

---

1 Art. 1341 du Code civil.

2 *L.* 1, *Cod. de testibus.*

3 Art. 1317 du Code civil. — Pothier, Traité des obligations, n.° 696.

parce que l'on ne peut présumer que les parties aient voulu faire dépendre l'engagement de l'authenticité de l'écrit, qui n'a dû, en premier lieu, servir que pour établir la preuve de l'obligation ou de la libération.[1]

Cependant le titre serait absolument nul, quoique signé par les parties, s'il s'agissait d'un acte pour la validité duquel la loi exige impérieusement le caractère de l'authenticité, tel qu'une donation entre-vifs[2], un contrat de mariage[3], une constitution d'hypothèque conventionnelle[4]. L'intérêt des tiers a commandé que ces actes soient toujours reçus en forme authentique, afin d'éviter la fraude.

L'effet de l'authenticité est d'imprimer à l'acte pleine foi en justice des conventions qu'il contient: cet acte lie les contractans, leurs héritiers ou ayant cause; rien ne peut en suspendre l'exécution, si ce n'est la plainte en faux principal et lorsqu'il y a mise en accusation. Ici le Code civil a apporté un changement au Droit romain, qui voulait même que l'accusation de faux n'interrompît point l'exécution provisoire du titre authentique[5], par les principes que nous rencontrons partout dans le Droit romain, que le crime ne se présume pas, qu'il est dangereux de laisser au pouvoir du débiteur de mauvaise foi une arme au moyen de laquelle il peut arrêter pendant un long laps de temps l'acquittement de dettes légitimes.[6]

Lorsque l'inscription en faux n'est qu'incidente, la loi a abandonné à la sagesse du juge de suspendre l'exécution du titre[7]: il

---

1 Art. 1318 du Code civil. — Exposé des motifs par M. le Conseiller d'État Bigot-Préameneu. — Art. 68, loi du 25 Ventôse an XI.

2 Art. 931 du Code civil. — Ordonn. de 1731, art. 1 et 2.

3 Art. 1394 du Code civil.

4 Art. 2127, *idem.*

5 *L.* 2, *Cod. ad legem Corneliam de falsis.*

6 Pothier, Traité des obligations, n.° 700.

7 Art. 1319 du Code civil.

ne s'y déterminera, a pensé le législateur, qu'autant qu'il sera frappé des apparences de fausseté; qu'il sera convaincu qu'il y aurait trop d'inconvéniens à une exécution provisoire dont les effets pourraient être irréparables, et que, le juge admettant de telles limites au pouvoir que lui donne la loi, il ne peut être à craindre que la foi due aux contrats soit troublée.[1]

En consacrant le principe que l'acte authentique fait pleine foi entre les parties contractantes, la loi a dû étendre cet effet à tout ce que l'acte exprime, même en simples termes énonciatifs, pourvu qu'ils soient en rapport direct avec les dispositions que l'acte contient[2]. Si ces énonciations sont sans rapport avec l'objet de la convention, on ne peut présumer que les parties aient eu intention de constater par l'acte des faits étrangers à l'obligation qui a fait la matière du contrat, l'énonciation de pareils faits ne pouvant être considérée comme participant au bénéfice de l'authenticité : la loi n'accorde aux énonciations étrangères à la disposition contenue dans l'acte, que le privilége de servir de commencement de preuve par écrit.[3]

L'acte authentique fait pleine foi de la convention entre les parties contractantes leurs héritiers ou ayant cause[4]; il fait également une preuve complète contre les tiers des faits y contenus et constatés par l'officier public; mais en liant les parties contractantes, il ne peut nuire aux droits des tiers, suivant la règle : *res inter alios acta neque nocet, neque prodest.*[5]

Des tiers peuvent avoir contracté avec l'une des parties en vue des droits résultant de l'acte. Or, comme il n'a point été possible d'interdire aux parties contractantes le droit qu'elles ont de modifier à leur gré leurs engagemens par des contre-lettres, la loi a sage-

---

1 Exposé des motifs, par M. Bigot-Préameneu.

2 Art. 1320 du Code civil. = 3 Art. 1320, *idem.* = 4 Art. 1319 et 1320, *idem.*

5 C., liv. 7, tit. 60.

ment établi, pour éviter la fraude et un concert coupable entre les parties, que les contre-lettres n'ont d'effet qu'entre les parties contractantes et n'en ont point contre les tiers.[1]

Par l'article 40 de la loi du 22 Frimaire an 7, toute contre-lettre qui avait pour objet l'augmentation du prix stipulé dans un acte de vente, est déclarée nulle et de nul effet : ainsi cette nullité concerne aussi les parties contractantes. Depuis la promulgation du Code civil, cette disposition n'est plus applicable, par le motif que l'article 1321, admettant que les contre-lettres ont leur effet entre les parties, a par cela même abrogé les dispositions de la loi antérieure qui le leur refusait.[2]

CHAPITRE II.

Des titres sous seing privé.

Les écrits sous seing privé se divisent en diverses espèces : 1.° les actes sous seing privé proprement dits, lesquels sont signés par les parties contractantes; 2.° les registres des marchands; 3.° les registres et papiers domestiques et les écritures non signées. J'ai donc à examiner ces différens titres, quant à la preuve qui peut résulter de leur existence.

§. 1.er

De l'acte sous seing privé proprement dit.

L'acte sous seing privé est celui qui est souscrit par les parties : il ne fait point de plein droit foi en justice, il faut que la signature en ait été reconnue par la partie à laquelle on l'oppose; si la reconnaissance a eu lieu, il a le même effet entre les parties, leurs héritiers ou ayant cause, que l'acte authentique.[3]

---

1 Art. 1321 du Code civil.

2 Arrêt de la Cour de cassat., du 6 Janv. 1819, rapporté par DENEVERS, 1819, pag. 316. = 3 Art. 1322 du Code civil.

La partie à laquelle la signature est attribuée, ne pouvant ignorer son propre fait, est obligée de se prononcer positivement, si elle avoue ou désavoue la signature qui lui est opposée[1]. Il en est autrement de l'héritier ou ayant cause; le fait de la signature lui étant étranger, il peut ne point la connaître: la loi n'a dû exiger de lui qu'une simple déclaration qu'il connaît ou ne connaît pas la signature qui doit faire preuve contre lui.[2]

Le défaut de reconnaissance de la signature nécessite une vérification[3]: la forme dans laquelle cette vérification se fait, n'est point la preuve, mais la manière d'arriver à la preuve; elle n'entre donc point dans mon sujet.

Il est des règles qui sont communes à tous les actes sous seing privé; il en est qui sont particulières à quelques actes seulement.

Les règles qui s'appliquent généralement à tous les actes sous seing privé, sont :

1.° Qu'il faut que l'acte soit signé par la partie à laquelle on l'oppose; sans cette signature, ce n'est plus un acte, mais un écrit, qui, quoique reconnu, ainsi que nous l'établirons ci-après, ne fait plus preuve que dans des cas particuliers.

2.° Que ces actes n'obtiennent assez généralement de date certaine contre les tiers que du jour où ils ont été enregistrés, de celui du décès de l'un des signataires, ou du jour où leur substance se trouve constatée par un acte public.[4]

Les règles qui ne sont applicables qu'à certains actes seulement, sont :

1.° Que les contrats synallagmatiques ne sont valables que lorsqu'ils ont été faits en autant d'originaux qu'il y a de parties dont les intérêts sont distincts, avec mention expresse du nombre d'originaux de l'acte[5]. Le motif de la loi est simple et facile à com-

---

1 Art. 1323 du Code civil. = 2 *Idem.* = 3 Art. 1324 du Code civil.
4 Art. 1328, *idem.* = 5 Art. 1325, *idem.*

prendre; il faut que chaque partie puisse forcer l'autre à l'exécution de l'obligation à laquelle elle s'est soumise; sans cette réciprocité de moyens d'exécution le contrat n'eût point eu lieu, et il ne doit point dépendre de l'un des contractans de pouvoir se soustraire aux engagemens auxquels il s'est soumis. C'est là une suite du principe consacré par l'article 1174 du Code civil, qui, renouvelant les dispositions du Droit romain [1], déclare nulle l'obligation contractée sous une condition potestative de la part de celui qui s'oblige.

Cependant le défaut de mention qu'il a été fait autant d'originaux qu'il y avait de parties ayant un intérêt distinct, ne peut être opposé par celle des parties qui a exécuté la convention contenue dans l'acte [2], parce que cette partie ne peut prétendre à l'inexistence d'une convention qu'elle a remplie sans y être forcée.

La jurisprudence a encore admis d'autres exceptions; par exemple, un acte synallagmatique ne serait point nul, si par une clause du contrat la minute devait être déposée et aurait été réellement déposée chez un notaire; chacune des parties pouvant ainsi s'en procurer une expédition, le but de la loi serait rempli. [3]

Un acte nul comme authentique, mais signé des parties et contenant des conventions synallagmatiques, devant, aux termes de l'article 68 de la loi du 25 Ventôse an 11 et de l'article 1318 du Code civil, avoir effet comme acte sous seing privé, par application de ces articles, il n'est pas nécessaire qu'il y ait, pour sa validité, autant d'originaux qu'il y a de parties ayant un intérêt distinct, puisque sans cela de pareils actes, nuls quant à l'authenticité, ne pourraient jamais valoir comme actes sous seing privé. [4]

---

1 *L.* 17, 46, §§. 2 et 3; *L.* 108, §. 1, *D. de verborum obligationibus.* — *L.* 8, *ff. de obligat. et actionibus.* = 2 Art. 1325 du Code civil.

3 Arrêt de la Cour d'appel de Paris, du 27 Janvier 1806; Sirey, tom. VII, 2.ᵉ partie, pag. 924.

4 Arrêt de la Cour de cassation, du 8 Mai 1827, rapporté au Journal de la jurisprudence générale du royaume, 1827, pag. 235.

2.° Que les contrats unilatéraux soient écrits en entier de la main de la partie qui s'oblige, ou qu'au moins outre sa signature elle ait écrit un bon ou approuvé, portant en toutes lettres la somme ou la quantité pour laquelle elle s'est engagée [1], afin d'éviter la surprise dont le signataire pourrait être victime, et encore afin qu'il ne soit point fait un usage coupable d'un blanc-seing.

Cependant l'expérience ayant depuis long-temps appris que cette règle générale était susceptible d'être modifiée, la loi a excepté les marchands, les artisans, les laboureurs, les vignerons, les gens de journée et de service : il en devait être ainsi dans l'intérêt même des personnes exceptées. Quant aux marchands, les opérations rapides et simples du commerce ne permettaient pas de les assujettir à une forme que souvent ils ne pourraient remplir, et quant aux autres, se trouvant dans une classe où nombre de personnes ne savent que signer leur nom, c'eût été trop souvent les priver de traiter, ou les obliger sans cesse à se servir du ministère de notaire.

Les dispositions de l'article 1326 du Code civil, qui exigent le bon ou approuvé de la main de celui qui s'oblige, ont été la matière de nombreuses discussions sur la question: si le défaut d'approbation annulait tellement la reconnaissance que le juge ne puisse avoir aucun égard au billet annulé.

La jurisprudence semble être fixée aujourd'hui sur cette question importante, en ce qu'elle admet que l'obligation peut être prouvée d'ailleurs de toute autre manière légale [2], et que le billet même peut servir comme commencement de preuve par écrit, d'après la maxime, *ex actu etiam nullo oritur probatio facti.* [3]

Il a été établi en principe par l'article 1162 du Code civil, que les

---

1 Art. 1326 du Code civil.

2 Voy. M. Toullier, vol. VIII, de la preuve littérale.

3 Arrêt de la Cour de cassation, du 2 Juin 1823. — Merlin, Répertoire de jurisprudence, XVI.e vol., *verbo* Billet.

présomptions sont toujours en faveur du débiteur : c'est de ce principe que dérive la disposition de la loi qui veut que, s'il existe une différence entre la somme exprimée dans le corps de l'acte et celle portée au bon, le billet fût-il écrit par le débiteur même, l'obligation ne doit être présumée que de la somme moindre, à moins qu'il ne soit prouvé de quel côté est l'erreur, la faveur due à la libération devant sans cesse prévaloir.[1]

§. 2.

Des registres des marchands.

La grande influence que le commerce exerce dans les relations sociales, déterminèrent depuis long-temps les législateurs en France de créer des lois particulières pour le commerce : une ordonnance du mois de Mars 1673 avait déjà assujetti les négocians à la tenue de livres dans lesquels ils devaient inscrire leurs diverses opérations ; le Code de commerce, exécuté en France depuis le 1.er Janvier 1808, n'a fait que renouveler avec plus d'étendue les dispositions de cette ordonnance.

Lorsque les livres de commerce sont régulièrement tenus, ils peuvent être admis par le juge pour faire preuve entre commerçans pour faits de commerce[2]. La loi, en disant que ces livres peuvent être admis comme preuve, indique que cela est facultatif, et que le juge peut d'après les circonstances ne point les admettre. Mais il est à remarquer que, pour que ces livres fassent foi, il faut qu'ils constatent des faits de commerce, et qu'ils ne peuvent être opposés comme preuve qu'à des commerçans. L'intérêt du commerce, où la plupart des opérations se font de confiance et exigent dans leur exécution une grande célérité, le commandait ainsi ; mais c'est une

1 *Argumentum ex LL.* 9 *et* 34, *ff. de regul. juris.*

2 Art. 12 du Code de commerce.

exception au Droit commun, qui veut que nul ne puisse se créer un titre par lui-même: *nemo propria manu sibi debitorem adscribit.* Aussi la loi civile n'a-t-elle point voulu que les livres des marchands fissent en aucun cas preuve contre des personnes non marchands[1], mais elle a admis en principe que ces livres pourraient faire preuve contre les marchands[2], par le motif que les insertions qui se trouvent dans les registres étant le fait du marchand, il ne peut se plaindre lorsque l'on décide d'après ses propres écritures. Cependant le législateur a dû, dans sa sagesse, considérer ces écritures comme un aveu qui ne peut se diviser, et celui qui veut en tirer avantage doit les prendre dans l'état où ils se trouvent, et se soumettre à tout ce qu'ils pourraient contenir de contraire à sa prétention.

§. 3.

Des registres et papiers domestiques, et des écritures non signées.

Les registres et papiers domestiques ne peuvent faire un titre à celui qui les a écrits, c'est un principe qui ne souffre aucune contradiction, toujours parce que nul ne peut se créer un titre à lui-même[3]; mais ils font preuve contre lui :

1.° S'ils font une mention formelle d'un paiement reçu;

2.° S'ils énoncent une obligation de la part de celui qui les a écrits; mais, pour avoir foi, ils faut qu'ils contiennent la mention expresse que la note a été faite pour suppléer le défaut de titre.[4]

Hors les cas ci-dessus indiqués, les registres et papiers domestiques peuvent encore servir de commencement de preuve par écrit, et

---

1 Art. 1329 du Code civil. = 2 Art. 1330, *idem.*
3 Art. 1331, *idem.* — *L.* 5, 6 *et* 7 *C. de probat.*
4 Art. 1331 du Code civil.

faire admettre, par exception, la preuve testimoniale dans les cas où la loi écarte ce genre de preuve, si toutefois ces écrits sont émanés de ceux auxquels on les oppose, et que leur contenu rende vraisemblable les faits allégués.[1]

Le législateur a toujours eu en vue de favoriser la libération, et c'est par suite de ce système que la loi dispose que les écrits mis par le créancier en marge ou au dos d'un titre resté en sa possession, qu'ils soient datés et signés ou qu'ils ne le soient pas, font preuve de la libération du débiteur[2]. POTHIER pense que si le titre est toujours resté dans la possession du créancier, il ne faut même point, pour faire preuve, que l'écrit dont s'agit soit de la main du créancier, parce qu'il ne serait pas probable que le créancier eût laissé écrire ces reçus sur le titre, si les paiemens n'avaient pas été faits.[3]

Si un double du titre se trouve entre les mains du débiteur, ou une première quittance signée par le créancier, l'écrit mis par le créancier au dos ou en marge de ce double ou à la suite de la première quittance, doit à plus forte raison servir au débiteur de preuve de libération, parce qu'en effet on ne pourrait concevoir que le créancier n'eût point réellement reçu ce qu'il a écrit de sa propre main lui avoir été payé, lorsqu'il a remis cet écrit au débiteur.

CHAPITRE III.

Des tailles.

On appelle taille, deux parties d'un morceau de bois dont l'une est entre les mains du fournisseur et l'autre entre les mains de la partie qui reçoit : la première se nomme taille proprement dite ; la seconde, échantillon. Lors des fournitures on rapproche ces deux

---

1 Art. 324 et 1347 du Code civil. = 2 Art. 1332, *idem.*

3 POTHIER, Traité des obligations, n.° 726.

[illegible] l'un contre l'autre, et avec un couteau ou une scie l'on fait une marque sur les deux pièces : la correspondance de ces marques, en ajustant les deux parties, prouve la réalité du nombre des fournitures.

Les tailles étaient d'un usage fréquent avant que l'instruction n'ait rendu l'écriture aussi familière qu'elle l'est aujourd'hui à tous les états de la société; c'étaient surtout les bouchers et les boulangers qui s'en servaient le plus communément pour constater les fournitures qu'ils faisaient à leurs pratiques. Je ne parle de ce genre de preuve que parce qu'on peut assimiler la taille aux actes non signés.

CHAPITRE IV.

Des copies de titres.

Lorsque l'original d'un acte subsiste, il ne peut y avoir de doute que la foi due aux copies ne puisse s'étendre au-delà du contenu au titre original, puisque la représention de ce titre peut toujours être exigée.[1]

En s'occupant des copies, la loi n'a pu avoir en vue que la foi qui leur est due dans le cas où le titre original n'existe plus; il fallut donc établir la distinction entre les diverses espèces de copies qui peuvent être produites par les parties.

Ces distinctions sont les suivantes :

1.° Les grosses ou premières expéditions devaient faire la même foi que l'original même.

Ces sortes de copies du titre, qui sont remises aux parties après la confection de l'acte, ont entre leurs mains toute l'autorité ou l'authenticité du titre lui-même, puisque la remise volontaire de

---

1 Art. 1334 du Code civil.

la grosse fait présumer la libération du débiteur, comme la remise du titre original sous seing privé[1]. C'est sans doute cette considération qui a porté le législateur à accorder aux grosses ou premières expéditions ce caractère d'authenticité qui, en cas de perte de l'original, leur donne *ipso jure* la même foi qu'à l'original lui-même.

2.° La même foi devait être accordée aux copies tirées par l'autorité du magistrat.

Les formalités à observer pour obtenir ces copies[2] ne sont point de mon sujet, mais il est essentiel de faire remarquer que les formalités prescrites par la loi et qui entourent l'expédition ordonnée par la justice, donnent une garantie de l'exacte conformité de ces copies avec l'original.

3.° Il en devait être de même des copies tirées en présence des parties qui ont figuré dans l'acte même et de leur consentement mutuel : cette coopération de la part des parties à l'expédition de l'acte, fait disparaître tout doute d'irrégularité dans la copie; c'est en quelque sorte le renouvellement du contrat lui-même.

4.° Mais si les copies ont été faites sans l'autorité du magistrat. sans le consentement des parties, depuis la délivrance des grosses ou premières expéditions, quelle est la foi qui leur sera due?

Si les copies sont faites par le notaire qui a reçu l'original, ou par des officiers publics qui en cette qualité ont été dépositaires de la minute, elles auront la même foi que l'original, si elles sont anciennes, c'est-à-dire si elles sont faites depuis plus de trente ans.

Et en effet il n'est point probable que depuis un aussi long espace de temps on ait préparé un moyen de fraude; la sincérité de la copie dans ce cas doit être présumée pour mettre un terme à l'incertitude, et c'est ici que devait s'appliquer la règle *in antiquis enunciativa probant.*

Le caractère du fonctionnaire qui a tiré les copies devait dans

---

1 Art. 1282 et 1283 du Code civil. = 2 Art. 839 et suiv. du Code de procéd.

tous les cas inspirer un degré de confiance qui, même avant l'expiration de trente ans, donnât à de pareilles copies une valeur quelconque; aussi la loi les admet-elle comme commencement de preuve par écrit, ce qui donne aux parties qui les produisent la faculté de compléter la preuve qui doit résulter de ces copies par la preuve testimoniale.[1]

5.° Il devait en être autrement, lorsque les copies n'étaient pas tirées par le notaire qui a reçu la minute, ou par son successeur, ou par l'officier public qui en cette qualité a été dépositaire de la minute, mais par un autre fonctionnaire public: car alors il n'y a plus ce motif de confiance qui dans le cas précédent donnait aux copies un degré de garantie, qui disparaît lorsque celui qui les délivre excède les bornes de son ministère; de pareilles copies ne peuvent servir, quelle que soit leur ancienneté, que de commencement de preuve par écrit[2]; ce qui est déjà accorder à la qualité de fonctionnaire public un grand degré de confiance.

6.° Quant aux copies de copies, la loi ne leur accorde aucune foi; elles ne peuvent et ne doivent servir que de simples renseignemens[3], quelle que fût d'ailleurs la personne qui les aurait délivrées.

La loi a encore prévu le cas où un acte notarié dont l'original n'existe plus, aurait été transcrit sur un registre public, p. ex., aux registres des hypothèques : cette transcription ne se faisant que sur la représentation d'une copie de l'acte, celle-ci pouvait être infidèle et ne présenter aucune garantie. Ainsi la copie d'un acte notarié se trouvant sur un registre public, ne peut servir que de commencement de preuve par écrit, qui devra être complétée par la preuve testimoniale[4], et encore faut-il le concours simultané de deux circonstances.

1.° Que toutes les minutes du notaire, de l'année où il a reçu

---

1 Art. 1335 du Code civil, n.° 2, et art. 1347. = 2 Art. 1335, n.° 3, *idem.*
3 *Ibidem*, n.° 4. = 4 Art. 1336, *idem.*

cet acte, soient perdues, ou au moins que la minute de l'acte dont il s'agit ait été perdue par un accident particulier.[1]

2.° Qu'il existe un répertoire en règle du notaire qui a reçu l'acte.

Ces deux circonstances existant à la fois, la preuve testimoniale est admissible, et si les témoins qui ont pris part à l'acte, existent encore, ils doivent nécessairement être entendus.

CHAPITRE V.

Des actes recognitifs et confirmatifs.

Il y a une grande différence entre un acte recognitif et un acte confirmatif. Le premier tend à reconnaître une obligation légalement contractée et constatée par un titre primordial valide; le second tend à valider et ratifier un titre sans effet ou nul dans son principe.

§. 1.er

Des actes recognitifs.

Le titre recognitif a assez généralement pour but d'interrompre la prescription.[2]

La loi distingue deux espèces de titres recognitifs, ainsi que cela résulte évidemment des dispositions de l'article 1337 du Code civil.

1.° Celui dans lequel la teneur de l'acte primordial est spécialement relatée;

2.° Celui qui ne contiendrait que la substance de l'acte primordial.

L'acte recognitif de la première espèce dispense de la représentation du titre primordial, s'il est perdu; la preuve entière de l'obligation se trouve faite par la production de l'acte recognitif

---

1 POTHIER, Traité des obligations, n.° 738. = 2 Art. 2263 du Code civil.

contenant la teneur spécialement relatée du titre primordial: un tel acte est appelé par DUMOULIN, selon POTHIER, *in forma speciali ex certa scientia.*[1]

Il n'en est pas de même de la seconde espèce, *in forma communi:* le titre primordial devant seul régir l'exécution de l'obligation, il faut donc connaître toute l'étendue de la convention, et l'on ne peut parvenir à cette connaissance que par la production du titre primordial, dont la représentation peut toujours être exigée.

De la règle que le titre primordial doit seul régir l'obligation, il résulte une conséquence nécessaire; c'est que tout ce qu'il y a de plus ou de différent dans le titre recognitif que dans le titre primordial, n'a aucun effet, les titres recognitifs n'étant point faits pour contracter de nouvelles obligations, mais pour maintenir des obligations existantes.

Cependant, de nombreuses circonstances pouvant mettre le créancier dans l'impossibilité de représenter le titre primordial, le législateur[2] a dû, par une raison de justice, établir une exception à la règle générale qui ne dispense point de la représentation du titre; aussi trouvons-nous dans la loi que, *s'il y avait plusieurs reconnaissances conformes, soutenues de la possession, et dont l'une eût trente ans de date, le créancier* pourrait *être dispensé de représenter le titre primordial.*

Mais de ce que la loi se sert de l'expression *pourrait*, il en résulte que cette disposition est facultative et non de droit, et qu'il est laissé à la prudence du juge d'en faire l'application.

§. 2.

Des actes confirmatifs.

Nous avons dit ci-dessus qu'un acte confirmatif tend à valider et

---

1 POTHIER, Traité des obligations, n.° 743. = 2 Art. 1337 du Code civil.

ratifier un titre sans effet ou nul dans son principe, ce qui amène à établir qu'il y a deux espèces d'actes confirmatifs ou de ratification.

1.° Celle qui a pour objet de ratifier des actes faits dans notre nom, sans que nous ayons donné mandat à celui qui a stipulé pour nous.

2.° Celle par laquelle nous ratifions un acte dans lequel nous avons été partie, mais qui est entaché d'un vice qui doit en faire prononcer la nullité.

La première espèce de ratification n'est point celle dont le Code civil parle au chapitre de la preuve littérale; je n'ai donc à m'occuper que de la seconde espèce.

La confirmation ou ratification peut être expresse ou tacite.

Elle est expresse, si les parties passent un acte par lequel elles déclarent formellement l'intention de vouloir valider l'acte nul dans son principe et réparer ainsi le vice dont il est entaché.

Il ne peut s'agir ici de nullités résultant des causes de conventions qui seraient illicites et contre les bonnes mœurs; car ce qui est contraire à l'ordre public ne saurait obtenir par aucun acte une validité quelconque. Mais il s'agit de ces nullités établies par la loi dans l'intérêt des individus, et auxquelles ils ont toujours droit de renoncer : *sit regula juris antiqui, omnes licentiam habere, iis quæ pro se introducta sunt, renuntiare.*[1]

L'acte tendant à confirmer ou ratifier l'obligation contre laquelle la loi admet l'action en nullité ou en rescision, doit contenir :

1.° La substance de cette obligation;

2.° La mention du motif de l'action en rescision;

3.° L'intention de réparer le vice sur lequel cette action est fondée.[2]

Les motifs qui ont amené ces dispositions sont aisés à saisir : il fallait bien faire connaître par l'acte confirmatif l'obligation que

---

1 *L.* 29, *C. de pactis.* = 2 Art. 1338 du Code civil.

l'on voulait ratifier; le législateur a pensé que celui qui confirmait un contrat vicieux qui ne l'obligeait pas, en connaissait parfaitement les vices. La troisième condition n'est que le complément des deux autres, qui sont préparatoires et y amènent naturellement.

Si le contrat primitif renfermait deux causes de nullité, et que l'acte confirmatif ne portât que sur un des vices, l'action en rescision pourra encore être utilement intentée, en se fondant sur la nullité dont il n'aurait pas été fait mention.

La confirmation ou ratification est tacite, lorsque l'obligation est volontairement exécutée (*volenti non fit injuria*), après l'époque, dit l'article 1338 du Code civil, à laquelle l'obligation pourrait être valablement confirmée ou ratifiée. Le Code n'a point fixé cette époque, mais il est aisé de concevoir que c'est celle à laquelle l'obligé a acquis ou recouvré la capacité de réparer par la ratification les vices du contrat qu'il exécute volontairement, par exemple, un mineur, lorsqu'il a acquis sa majorité [1], une femme mariée, lorsqu'elle est devenue veuve. [2]

Par la ratification expresse ou tacite on renonce à faire valoir tous moyens et exceptions qui auraient pu être opposés contre l'acte ratifié [3]. Il en résulte une conséquence qui me semble être une suite nécessaire de la disposition de la loi, c'est-à-dire que l'effet de la ratification remonte au jour de l'acte ratifié: mais cet effet n'a pu nuire aux droits des tiers; quant à eux, le contrat ratifié n'obtient son existence que du jour de la ratification. Ainsi cette ratification ne pourrait nuire aux droits que des tiers auraient acquis sur les biens qui font l'objet de l'acte ratifié antérieurement à la confirmation.

Les donations sont des actes environnés de formalités dont l'exécution est de rigueur. Leur importance dans l'intérêt des tiers, à

---

1 Argument de l'article 1311. = 2 *Idem* de l'article 225. = 3 Art. 1338 du Code civil.

cause de la transmission gratuite de la propriété, a dû les entourer de précautions toutes particulières; c'est le motif qui a fait décider que les vices dont un pareil acte est entaché ne peuvent être réparés par ***aucun*** acte confirmatif de la part du donateur[1]. Mais parmi les tierces personnes que ces actes peuvent intéresser, se trouvent les héritiers du donateur : ils ne peuvent confirmer ou ratifier un pareil acte durant la vie du donateur, ce serait une convention ayant pour objet une succession non ouverte, ce que la loi défend[2]; mais rien n'empêche qu'ils ne ratifient une donation faite par leur auteur après son décès. L'article 1340 du Code civil l'autorise expressément, et la confirmation, soit expresse ou tacite par une exécution volontaire de leur part, emporte la renonciation à opposer à l'avenir aucune exception contre l'acte qu'ils auraient ainsi ratifié.

1 Art. 1339 du Code civil. = 2 Art. 1130, *idem.*

THESES EX JURE ROMANO.

De fide instrumentorum.

I.

Sunt instrumenta scripturæ super negotio quodam confectæ, ad fidem faciendam idoneæ.

II.

Dicitur instrumentum *ab instruendo*, et denotat omne id quod causam *instruit.*

III.

In publica et privata dividuntur instrumenta.

IV.

Publica sunt qui a personis publicis facta et confirmata sunt.

V.

Illa plenam fidem faciunt.

VI.

Si instrumenta privata ex publico archivo producantur, fidem plenam accipiunt.

VII.

Idem est si e scrinio ecclesiæ vel monasterii deprompta sit scriptura.

VIII.

Libri censuales majorem vim probandi quam testes habent.

IX.

Privata vel domestica instrumenta sunt, a privatis conscripta.

X.

Illa non plenam fidem faciunt et ad probationem non sola sufficiunt, si non aliis adminiculis adjuventur.

XI.

Non pro scribente, sed contra eum probant.

XII.

Tres instrumentorum privatorum sunt species : chirographum, epistola et libri rationum.

XIII.

Chirographum generaliter in debiti et crediti fidem conficitur.

XIV.

Epistolæ sunt scripturæ ad absentem directæ, quibus ipsi aliquid denunciamus, et quarum species variæ sunt, cum infinita sit rerum varietas.

XV.

Rationes sunt libri quæ continent data et accepta.

XVI.

Judex secundum acta et probata judicare debet, et non secundum propriam suam persuasionem.

FINIS.